MW00445483

Ich liebe Deutsch!
German Learning for Kids

BABY PROFESSOR
EDUCATION KIDS

Speedy Publishing LLC
40 E. Main St. #1156
Newark, DE 19711
www.speedypublishing.com

Let's practice reading and writing the German Alphabet.

ENGLISH	GERMAN
Aa	*ah*
	Pronunciation

Trace the letters.

ah   ah   ah   ah

Rewrite the letters.

ENGLISH	GERMAN
Bb	*bay*
	Pronunciation

Trace the letters.

bay   bay   bay   bay

Rewrite the letters.

Cc

tsay

Pronunciation

Trace the letters.

tsay   tsay   tsay   tsay

Rewrite the letters.

Dd

day

Pronunciation

Trace the letters.

day   day   day   day

Rewrite the letters.

Ee

ay

Pronunciation

Trace the letters.

ay   ay   ay   ay

Rewrite the letters.

Ff

eff

Pronunciation

Trace the letters.

eff   eff   eff   eff

Rewrite the letters.

ENGLISH	GERMAN

Gg

gay

Pronunciation

Trace the letters.

gay   gay   gay   gay

Rewrite the letters.

ENGLISH	GERMAN

Hh

hah

Pronunciation

Trace the letters.

hah   hah   hah   hah

Rewrite the letters.

ENGLISH	GERMAN
Ii	**ee**
	Pronunciation

Trace the letters.

ee   ee   ee   ee

Rewrite the letters.

ENGLISH	GERMAN
Jj	**yoht**
	Pronunciation

Trace the letters.

yoht   yoht   yoht   yoht

Rewrite the letters.

ENGLISH	GERMAN
Kk	*kah*
	Pronunciation

Trace the letters.

kah   kah   kah   kah

Rewrite the letters.

ENGLISH	GERMAN
Ll	*el*
	Pronunciation

Trace the letters.

el   el   el   el

Rewrite the letters.

ENGLISH	GERMAN
Mm	*em*
	Pronunciation

Trace the letters.

em   em   em   em

Rewrite the letters.

ENGLISH	GERMAN
Nn	*en*
	Pronunciation

Trace the letters.

en   en   en   en

Rewrite the letters.

ENGLISH	GERMAN
O o	*oh*
	Pronunciation

Trace the letters.

oh　　　oh　　　oh　　　oh

Rewrite the letters.

ENGLISH	GERMAN
P p	*pay*
	Pronunciation

Trace the letters.

pay　　　pay　　　pay　　　pay

Rewrite the letters.

ENGLISH | GERMAN

Qq

koo

Pronunciation

Trace the letters.

koo koo koo koo

Rewrite the letters.

ENGLISH | GERMAN

Rr

ehr

Pronunciation

Trace the letters.

ehr ehr ehr ehr

Rewrite the letters.

ENGLISH	GERMAN

Ss

ess

Pronunciation

Trace the letters.

ess ess ess ess

Rewrite the letters.

ENGLISH	GERMAN

Tt

tay

Pronunciation

Trace the letters.

tay tay tay tay

Rewrite the letters.

ENGLISH	GERMAN
Uu	**oo**
	Pronunciation

Trace the letters. ✏️

o͡o   o͡o   o͡o   o͡o

Rewrite the letters. ✏️

ENGLISH	GERMAN
Vv	*fow*
	Pronunciation

Trace the letters. ✏️

fow   fow   fow   fow

Rewrite the letters. ✏️

ENGLISH	GERMAN

Ww

vay

Pronunciation

Trace the letters.

vay   vay   vay   vay

Rewrite the letters.

ENGLISH	GERMAN

Xx

eeks

Pronunciation

Trace the letters.

eeks   eeks   eeks   eeks

Rewrite the letters.

ENGLISH	GERMAN

Yy

irp-se-lon

Pronunciation

Trace the letters.

irp se lon   irp se lon

Rewrite the letters.

ENGLISH	GERMAN

Zz

tset

Pronunciation

Trace the letters.

tset   tset   tset   tset

Rewrite the letters.

Let's practice reading and writing German Parts of the Body.

ENGLISH	GERMAN
body	der Körper (-)

Trace the letters.

der Körper (-)   der Körper (-)

Rewrite the letters.

ENGLISH	GERMAN
arm	der Arm (e)

Trace the letters.

der Arm (e)   der Arm (e)

Rewrite the letters.

Peltzer

ENGLISH	GERMAN
eye	*das Auge (n)*

Trace the letters.

das Auge (n) das Auge (n)

Rewrite the letters.

ENGLISH	GERMAN
leg	*das Bein (e)*

Trace the letters.

das Bein (e) das Bein (e)

Rewrite the letters.

ENGLISH	GERMAN
finger	*der Finger*

Trace the letters.

der Finger   der Finger

Rewrite the letters.

ENGLISH	GERMAN
foot	*der Fuss (ü, e)*

Trace the letters.

der Fuss (ü, e)   der Fuss (ü, e)

Rewrite the letters.

ENGLISH	GERMAN
ankle	das Fussgelenk (e)

Trace the letters.

das Fussgelenk (e)

Rewrite the letters.

ENGLISH	GERMAN
brain	das Gehirn

Trace the letters.

das Gehirn   das Gehirn

Rewrite the letters.

ENGLISH	GERMAN

hair

das Haar (e)

das Haar (e)   das Haar (e)

ENGLISH	GERMAN

neck

der Hals (ä, e)

der Hals (ä, e)   der Hals (ä, e)

ENGLISH	GERMAN
hand	*die Hand (ä, e)*

Trace the letters.

die Hand (ä, e)   die Hand (ä, e)

Rewrite the letters.

ENGLISH	GERMAN
heart	*das Herz (en)*

Trace the letters.

das Herz (en) das Herz (en)

Rewrite the letters.

knee

das Knie (-)

das Knie (-)   das Knie (-)

head

der Kopf (ö, e)

der Kopf (ö, e)   der Kopf (ö, e)

ENGLISH	GERMAN
lip	die Lippe (n)

Trace the letters.

die Lippe (n) die Lippe (n)

Rewrite the letters.

ENGLISH	GERMAN
mouth	der Mund (ü, er)

Trace the letters.

der Mund (ü, er) der Mund (ü, er)

Rewrite the letters.

ENGLISH	GERMAN
nose	die Nase (n)

Trace the letters.

die Nase (n)   die Nase (n)

Rewrite the letters.

ENGLISH	GERMAN
ear	das Ohr (en)

Trace the letters.

das Ohr (en)   das Ohr (en)

Rewrite the letters.

ENGLISH	GERMAN
shoulder	*die Schulter (n)*

Trace the letters.

dieSchulter(n)   dieSchulter(n)

Rewrite the letters.

ENGLISH	GERMAN
face	*das Gesicht (er)*

Trace the letters.

dasGesicht(er)   dasGesicht(er)

Rewrite the letters.

Let's practice reading and writing some German words.

ENGLISH	GERMAN
hill	*der Hügel (-)*

Trace the letters.

der Hügel (-) der Hügel (-)

Rewrite the letters.

ENGLISH	GERMAN
sea	*das Meer (e)*

Trace the letters.

das Meer (e) das Meer (e)

Rewrite the letters.

ENGLISH	GERMAN
tree	*der Baum (ä, e)*

Trace the letters.

der Baum (ä, e) der Baum (ä, e)

Rewrite the letters.

ENGLISH	GERMAN
air	*die Luft*

Trace the letters.

die Luft   die Luft

Rewrite the letters.

ENGLISH	GERMAN
sky	*der Himmel*

Trace the letters.

der Himmel   der Himmel

Rewrite the letters.

ENGLISH	GERMAN
flower	*die Blume (n)*

Trace the letters.

die Blume (n) die Blume (n)

Rewrite the letters.

ENGLISH	GERMAN
fruit	das Obst

Trace the letters.

das Obst   das Obst

Rewrite the letters.

ENGLISH	GERMAN
apple	der Apfel (ä)

Trace the letters.

der Apfel (ä)   der Apfel (ä)

Rewrite the letters.

ENGLISH	GERMAN
fish	*der Fisch (e)*

Trace the letters.

der Fisch (e) der Fisch (e)

Rewrite the letters.

ENGLISH	GERMAN
meat	*das Fleisch*

Trace the letters.

das Fleisch das Fleisch

Rewrite the letters.

Let's practice reading and writing some German phrases.

ENGLISH	GERMAN
What time is it?	**Wie spät ist es?**

vee shpayt isst ess

Trace the letters.

Wie spät ist es?

Rewrite the letters.

ENGLISH	GERMAN
Good Morning	**Guten Morgen**

goot-en mor-gen

Trace the letters.

der Apfel (ä) der Apfel (ä)

Rewrite the letters.

ENGLISH	GERMAN
Good Night	*Gute Nacht*
	goot-eh nakht

Trace the letters.

Gute Nacht   Gute Nacht

Rewrite the letters.

ENGLISH	GERMAN
See you later	*Bis später*
	biss shpay-ter

Trace the letters.

der Apfel (ä)   der Apfel (ä)

Rewrite the letters.

ENGLISH	GERMAN
Good Evening	Guten Abend
	goot-en ah-bent

Trace the letters.

Guten Abend Guten Abend

Rewrite the letters.

ENGLISH	GERMAN
See you soon	Bis bald
	biss bahlt

Trace the letters.

der Apfel (ä) der Apfel (ä)

Rewrite the letters.

ENGLISH	GERMAN
Thank you	*Danke (schön / sehr)*

dahn-kuh shurn/zair

Trace the letters.

Danke (schön / sehr)

Rewrite the letters.

ENGLISH	GERMAN
Excuse me	*Entschuldigen Sie*

ehnt-shool-dih-gun zee

Trace the letters.

der Apfel (ä) der Apfel (ä)

Rewrite the letters.

ENGLISH	GERMAN
How are you?	*Wie geht es Ihnen?*
	vee gayt es ee-nen

Trace the letters.

Wie geht es Ihnen?

Rewrite the letters.

ENGLISH	GERMAN
You're welcome	*Bitte schön*
	bih-tuh shurn

Trace the letters.

der Apfel (ä) der Apfel (ä)

Rewrite the letters.

Visit

BABY PROFESSOR
EDUCATION KIDS

www.BabyProfessorBooks.com

to download Free Baby Professor eBooks
and view our catalog of new and exciting
Children's Books

Made in the USA
Middletown, DE
15 June 2017